창조문학대표시인선 · 199

어떤 일월

이양복 시집

창조문학사

□ 머리말

"몇 년 사이에
당신 불평불만이 크게 줄어들었답니다"
그녀가 가끔 하는 말이다. 다행스럽다
실패나 부진이나 절망의 원인이
내부의 어리석음에 있음을 모르고
남 탓, 환경 탓 세상 탓하며
얼마나 오랫동안 마음의 병을 앓아왔던고
뉘우쳐 봐도 소용없는 잃어버린 시간이다
긴 세월 진정한 노력은 아니 하고 줄기찬 인내력도 없이
빛나는 결과만 얻으려 했던 것이다
여러 번 기회가 와주었어도
나는 준비가 모자라서 그것들을 전혀 받아들이지 못했다
지지부진하게 한평생을 다 소진했다
만시지탄,
세 번째 흔적을 보이려하니 그저 부끄러울 뿐...
어리석음은 그대로인 채 한층 단순해져서 살아간다
손자들을 보살피는 그녀 뒤에서
조수 노릇하며 사는
현재의 내 삶이 심리적인 안정기라 할까

지금까지 내가 아프게 했던
모든 분들께 사죄드리고
또한 아둔한 저를 도와주신 모든 분들께
깊은 감사와 존경의 뜻을 전합니다

2012년 봄에
월산 이 양복

어떤 일월

이양복 시집

| 차 례 |

제 1부 /

제 2부 /

제 3부 /

제 4부 /

제1부

겨울 칠갑산

구불구불 숲길은
그윽하고 차갑고 고독하다
산등성이를 따라 간다
하얀 길 위로 햇살이
강물처럼 출렁거린다

눈 밟는 소리
기억 저편에서 다시 일어서는
아득한 세월

솔숲은
기다란 바람을 붙잡고
한나절 적막감 속으로 떠났다

머언 하늘빛 산울림이
간간히 골짜기를
맴돌다 사라진다

산책 (2)

어느새 들꽃이 키를 넘나든다
하얀 강물 위로
하얀 나비 펄럭펄럭 날아간다
나는 시방 유유자적
꽃 강물 너머로 흘러간다
흔들리는 풀과 꽃,
나무와 나와 저 강물

흔들 때는 흔들려야지
너울너울 같이 흔들려야지
풋내기처럼 귀를 자르지마

지나가며

멀리 드넓은 콩밭이
시퍼렇게 너울거린다
철길 다리 밑으로 넓은 개울물이 흐르고
백로 몇 마리 고즈넉이 노닌다

작열하는 뙤약볕 아래 논두렁풀 깎으며
아슴푸레 바라보던 하얀 신작로
나는 그 때 일을 고통으로만 여겼다
평생 그렇게 일을 무서워하며 살았다

컴컴한 오밤중에 일터에서 돌아와
찌릿찌릿 찬물에 등목하며 혀를 차던
아버지의 삶을 이제야 그리워한다

정령아 잘 가라

밭둑 퇴비푸대 위
커다란 플라스틱 통을 제낀다
난감하다
쫓을 것인지 잡을 것인지
은근히 도망가기를 기대한다
사는 길인데
사는 길인데
나는 중얼거린다
바싹 마른
사과나무 몽둥이로 가격하고
곧 절명하고
생명은 고배를 마신다
늘어진 몸을
대추나무에 걸었다가
한 시간쯤 후
딸기밭 모퉁이에 묻었다
하루 종일 우울하다

동짓달 외암리

외암리 해도 많이 식었다
설화산 단풍도 그만 놔주어야지
도랑물에 손을 넣는다
차디차고 투명한 동짓달
이엉 얹는 농부들의 손길은 익숙하고
주고받는 잔이 즐겁다
담장 밑, 노란 국화 송이송이 광채를 뿜는다

물레방아 아직은 싱싱 돌아가고
하얀 포말이 싱그럽다
이제 마을은 지난 이야기를
모두 가슴에 묻고
그저 천천히 어두워 가리라
우리는 삼동을
조용히 지나갈 일이다

백곡저수지에

산 첩첩 푸른 물
햇살 따라 깊어지고
초가을 하늘가 노을에 취한다
산들바람이
겨드랑이를 자근자근 파고든다
부드러운 은비늘 물결소리
얼마나 시행착오가 많았는지
얼마나 위험했었는지
지난여름을 탓하지 말자
모두 짊어지고 가야할 것이라

삶의 소음은 상처가 되어
어루만지고 밀어내지만
육신 어느 구석에 이미
한줄기 정신이 소생되었음이라

청아한 풀벌레의 노래가
사위를 채우면
가라앉히고 다독여서
가볍게 새 시절을 헤쳐 나갈 것이라

사이사이

밤새워 비가 내렸다
마누라 데리러
산밭너머 갔더니
길바닥이 벌건 밤이 즐비하다
나는 지구력
마누라는 집중력

비가 주룩주룩 내려도
도라지밭에 풀 뽑고
젖은 숲에서
밤 줍기에 몰입하는 여자
누가 무모함이라 나무래겠나

화끈함과 끈질김의 대결
지구력은 집중력한테
수시로 밀린다

혼불문학관에서

여름날 노적봉 숲은
울울창창 마을을 감싸 안고
연민의 세월을 세어보리라
어둠속의 오랜 그리움을

시대의 암울이고
시대의 눈물이고
시대의 질곡이고

모진 삶들을 놔두고
다 사라짐이어라
인고의 서러움으로만
꿈틀거렸음이어라
불후의 이야기는 늘
거기 무르익어 있었어라
아, 고향 언저리

사랑마저 초월한 님이여
길이길이 훨훨 불타오르리라
사랑스럽고 자랑스러운
놀라운 생애이었음이어라

들녘에 가보기

더위가 맹위를 떨친다
긴 기차를 탄다
장쾌한 호남들녘을 지나간다
가득히 넘실대는 수로
농로가 사통팔달 열려 있고
전봇대의 행렬이 아스라이 멀어진다
초록바다 세상
풍요의 빛깔이 출렁인다
군데군데 마을이 작은 숲에 기대어
오늘을 풀어간다

아득한 들녘은
충만함이요 대범함이라
마음이 깊어지니 사위가 고요하다

성구미

이른 아침
훠이훠이 포구에 가보았다
생선가게가 모조리
해류에 잠겨 있다
매달 네 번 생기는 일이라며
아줌마가 앳되게 웃는다

고깃배가 한가롭게 떠 있고
갈매기들 유려한 군무
눈부신 일출

바다의 푸르름과
산야의 푸르름이
맘껏 어울려 노는
칠월의 언저리
망연히 서성거린다

대화

물물교환이라

괴로운 짐을 내려놓고
생명과 평안과 지혜를
얻어내는 것이라

어느 눈물도
어느 슬픔도
어느 절망도
그 여린 기도를
넘어가지 못할 것이라

독서를 안 하면
가시가 돋듯이
기도를 안 하면
가시가 돋을 것이라

스스로 위로하고
스스로 기뻐하고
겸손하게 됨이요
감사하게 됨이라

마침내 소망의 꽃을
피우게 됨이라

경련

꽃은 햇살을 만날 때마다
경련으로 바꾼다
붉은 경련이거나
샛노란 경련이거나
보랏빛 경련이거나
하얀 경련이거나...
부드럽고 향긋한 바다는
끊임없이 솟아오른다

칠월 햇살은
신선하고 풍만한 폭풍이다
흔들림은 얼마나
폭넓은 아름다움인가

누구나 지쳐 쉬고 싶을 때는
많이 흔들거리고
빨리 쓰러진다

미천한 생애가
잠시임을 모르랴마는
그래도 지금은 모른다

에피소드 (1)

어버이날 며칠 후
88세 어머니랑 아내랑 나랑
철 이른 해수욕장에 와서
한화콘도에 묵게 되었다

노을이 내리는 무렵에
셋이서 바닷가로 갔다

풍선장수 아줌마가 내미는
의자에 앉아서 어머니는
수평선이랑 물결이랑 섬이랑
지나가는 배랑
지나가는 여자들을
구경하기로 했다

느릿느릿 시간이 다가왔다
웬 낯선 중늙은이가 오더니
천안에서 왔수?
수상한 눈빛으로 묻는다

출발점으로 가니 어머니가
구경은 하는 둥 마는 둥 하고
아들내외만 기다리며
오래오래 서성이고 계신다

가족사진

닮은 세 남자가 앉아 있고
미모의 한 여자가 서있다
오나가나 자나 깨나
앉으나 서나
아나운서나 여염집 여자나
미모 때문에 열광하는 시대

오리지널을 잃고
섭리에 도전하는
오만방자한 시대
미모를 이겨낼게 있을 것인지

모두들
여자의 미모에 몰입하고
여자의 미모에 발광하라

정자골 풍경 (3)

구십 삼세 새집 댁은 혼자 살며
뜨락에 함초롬히
강낭콩이랑 파랑 백일홍이랑
요것조것 가꾸시네요

집집에 홀애비나 노파 달랑 한 명
운 좋은 노부부 몇 쌍
다시 와보니 더 두드러지네

강복이네 봉순네 용안이네
효중이네...
헐리고 헐리어 몇 집이나 남았나
그리 커보이던 응철이네 집은
완전히 폐가 되었네
정갈하던 우리 집
녹슨 함석지붕을 이고
아직도 살아 견디는 중이구먼
그런데 본채가 닭 사육장이라

어디선가 흘러 들어온
쉰 두 살 홀애비가
사랑방에서 슬며시 나와
빙빙 돌며 히죽거린다

가혹한 무정세월
회한이고 무상이어라
나 어릴 때
다들 가난했지만
웅성거림이 넘쳤는데
지금은 껍데기만 넘쳐 웅성거린다

상춘

꼭두새벽 출발한 관광버스가
섬진강을 따라
이른 봄을 가르며 달린다
강변 모래밭은 드넓고
강물은 살랑살랑 푸르구나
가며가며
남도 청보리밭에 부는
바람결, 바람결
산비얄 마을이 오순도순 포근하고
산으로 오르는 하얀 길이 정답다
가는 날이 장날이라
짧은 축제기간이네요
모여 들어 북새통
화개장터는 더욱 북새통
근경으로 즐겨볼까
황홀한 향기
황홀한 자태에 빠져 볼까

평택들녘을 지나며

이월에 바라보는
그 예비, 그 순수
그렇게 새순이 돋고
욕망의 녹색 들녘을 돌아돌아
달관의 들녘에 들어선다

바람에 이끌려 사라진
허상의 시간 곁에
물끄러미 앉아서
이제사 모든 매듭을
헐렁하게 푼다

그런그런 소박함이나
초연함으로
장중함이나 경쾌함으로...

아주 먼 곳

과일에 붙은
아주 작은 상표
페르시아

갈라서 들여다보니
홍옥보다 더 붉은
팥알보다 조금 큰 열매가
서로 뒤엉켜 있다

만져보고 맛보며
색깔에 당도에 감탄한다

히자브로 살포시 가린
여자들의 자태가
표피에 자꾸 아른거린다

이월 어느 오후

참 맑고 깊은 하늘이다
거재 야산 컴컴한 숲에
버섯농장이 살고
산자락에는 인삼밭이 살고

햇살이 눈밭을
요리조리 피해 와서
포근포근 속살거린다

한 남자가 사불사불
호젓한 숲길을 걸어간다

낯익은 새들이
노래 부르며 이따금씩
숲을 건너간다

한 남자가
길가 마른 잔디위에 앉아
정적과 추억을 즐긴다

초원의 빛이여
꽃의 영광이여
보고 또 보고 또 보던

나탈리우드의 영상을
그리워한다

갈구

사랑의 사람은
겸손하고 공손하기다
교만함은 조만간
당신의 예지를 기습해 올 것이니
기도하고 기도해서
삶을 단순화하기다

아이들과 아내와 씨름 말고
줄기차게 합의 따내기다

연약함은 살아남의 터가 되고
강력함은 와해됨의 터가 됨이라

나들이

선달 초순 상당산성에 왔다
하늘에는 두 가닥 비행운 자욱뿐
청아한 날이다
자그마한 저수지가 보인다
기와고택이 몇 채 보인다
주말, 이 산중에
차와 사람들이 마구 북적거린다

함께 산성을 기웃거리며 걸어간다
길 따라 철쭉이 먼 봄을 꿈꾼다

빈 들녘에 기적소리
꿈결처럼 가라앉는다

조영의 수필가
부드럽고 예리한 삶의 얘기가
온몸을 감돌아 출렁거린다

길은 사람을 끌어당기고
생각하게 하고
사랑하게 하고 흐느끼게 한다

지리산에서

산의 초입에서 눕는다
산마루 둥둥 떠도는 구름 꽃
구름 꽃 붉은 몇 송이

단풍은 산비탈로
산비탈로 내려오며
하루 종일 요동친다

노고단 오르는 길이
운무로 아득하고
비산하는 시원의 물소리
시원의 바람소리

웅장함과 내밀함으로
피 흘리며 서성거리는 이들
다 거두어 감춘다

제 2부

광한루

그네에 앉아 펄럭이는
그 여자 동네에 놀러왔다
연못에서 서양 잉어들이
떼를 지어 유유자적하고
던져주는 먹이가
눈송이처럼 흩날린다
노을이 떠오른다
이 순간 누리는 한줌의 평화
가을날 물가 수양버들
하늘하늘 흔들린다
배 띄우고 배 띄워라
돌다리 너머 대숲을
지나가는 바람이
춘향이 치맛자락에
연연히 감긴다

들깨향기

팔월에 끼얹은 비료의 효과가
극대화 된 걸까
가히 들깨 숲이다
눕히고 말리고 두들기고...

가을 가뭄에 바싹 마른 몸
살짝만 건드려도
비 오듯이 쏟아지는 깨알

아내가 와서 키질을 한다
충분히 흡족한 모양새다
잘되면 늘 하나님 칭찬이고
망치면 늘 나를 타박하는 그녀

그래도 그녀가 평안해야
집안이 고요하다
그걸 깨우치노라
참말로 오래 걸렸음이라

봉은사

미풍이 아릿아릿
거칠어진 가을 잎을 어루만진다
나는 지금
봉은사 마루에 걸터앉아 있다
한나절 분향 냄새가
경내를 휘감는다
개산 1212라
피울음의 세월 무심하게 스쳐가고
대웅전 앞 뜨락 오늘
촛불 수십 개가
염원을 하얗게 태운다
잠시 와서 자신을 수습하고
돌아갈 것이라
번뇌로 무너져 내리는 초심
사파세계는 늘 시끄러워야
그게 정상이야

병술 시월 칠일 오후

추석 연휴 중에
기웃기웃 가보았더니
태조산 오솔길이
텅텅 비어 마냥 그윽하다

푸르른 질경이만 햇살에
몸을 다 벗는다
바람이 스쳐갈 때마다
비탈에 선 전나무들이
잎을 자금자금 뿌린다

여자 하나 걸어간다
남자 하나 걸어간다
가을은 끝내 못 참고
도처에 신호를 보낸다

흔들어

저 깊고도 먼 산골짝으로 가봐
산이 거기 있어 가는 게 아니야
숨어 있는 동네가 그리워짐이지

곤궁하던 화전마을은
유장한 시대를 넘어서 갔다

호수와 길,
절벽과 산으로
다시 살아 돌아오고
강물은 이제사
험난한 절경을 찰랑찰랑 아우른다

누가 말해봐
화천은 물이 아니라고
화천은 산이 아니라고

질퍽거리며 돌아다녀봐
가벼워질 때까지
왜소해질 때까지

홍겨움 도도하고

무한공간, 한시절 심취되어
우렁차고 시원한
환희의 메시지를
보내고 보낸다

숲속이거나 가로수거나
뒷마당 감나무거나
절정의 코러스이다

타이밍은 언제나 절묘하다

적막함을 달래주는
그 소리조차 적막함을
벗어나지 못하는
더운 여름날

잡초

장마가 하루 이틀 머뭇거리기에
이십 리 밖 시골 밭에 가보았다
장마 중에 살곰살곰 자란 풀들이
마구 여릿여릿하구나

마구 여릿여릿한 저것들
밟고 자르고 뽑고 그래야하나
마누라는 웬수 만난 듯이
낱낱이 흙을 털며
연방 하늘을 쳐다본다

풀에 대한 순정을 짐작도 못하는
그러나 그녀의 압력을
거역하지 못한다
모순을 거역할 수 없음이라

빗속으로

비를 즐기기 위해 외출중이다
수도산 산록에
고구마잎은 더욱 싱그럽고
배 과수원 잡초는 춤을 춘다
비 맞는 골목길
비 맞는 주택들
빗속으로 꼬리를 물고 달려가는
차 행렬의 요동
비를 통해 보는 것은
끊임없는 유연함이다
호젓한 묵상
한 모퉁이 서성거림이다
예측불허의 인간사
빗속을 걸어가며 망중한을 즐긴다

동굴

간간 뭉게구름이
땡볕 사이로 지나간다

팔월 고추밭에
몸을 감추고
붉고 긴 터널을
천천히 지나간다

월미도

바라보라 저 큰 바다를
저 웅장한 바다를 보라
설레임이나 빛깔이나
야성의 몸짓을 보라

왜소하고 남루하고
연약한 삶을 짊어지고
나는 얼마나 흔들려 왔던고

분별력이 마비될 때
혼자 와서 보라
저 큰 흔들림을 보라
증오도 씻고
상처도 씻고
광막한 시대의 복판으로
되돌아가
흔들림의 바다를 생각하며
한동안 깊어져서 살 것이라

개심사 꽃 풍경

겹겹 사쿠라 꽃잎이
오월 훈풍에
눈송이처럼 휘날린다

오래 된 연못
외나무다리 위로
네댓 살 아기가 건너가며
아슬아슬 호기를 부린다

분홍빛 바람이 분다
황홀하게
수런거리는 꽃잎들

수난시대

일요일날
마악 개발을 시작하는 앞동네에 가 보았다
만발한 벚꽃나무가 여기저기 누워 있고
우아한 요정 목련나무도
다시는 일어설 수 없게 되었네
빈집 텃밭의 마늘과 파가
신산하게 흔들린다
다가가서 앵두나무를 어루만진다
민들레꽃도 눈길 닿는 곳마다
지천으로 피었네
이 자연스러운 홍취가
사내의 면도자욱마냥 곧 보얗게 될 것이라

계획하고 금긋고 파내고
쌓고 짓는 우리의 수고가
편리와 안락을 위해 야금야금
갉아먹어 생긴 문명의 흉터가
갈수록 기승을 부린다
오 지구의 피부는 저리도 얇구나

베개위에

잠들고 꿈꾸고
토닥이고 사귀고 안쓰럽고

세월이 간다

숲으로 가는 길이다
강으로 가는 길이다

속삭임이나
몸을 합치는 일이나
맘을 합치는 일이나

의지하고 눈물 흘리고
붉은 고뇌로 흔들거리고

세월이 간다

떠나가던 날이나
돌아오던 날이나
홀로 그렇게 기다린다

아, 세월이 간다

페인트공의 고독

동아줄 끝에 대롱대롱 매달린다
자유자재로 퍼덕거린다
언제나 완벽한 비상을 꿈꾸는 내일
지나간 자리마다
맑고 깊고 푸른 창공이다
눈부신 젊음의 광휘다
삼복더위에 잡초나 죽이는
나의 노동은 응석에 다름아니니
그의 일터는
위기나 전율이 아니라니까
능숙하게 일에 묻혀
응시하는 세상이 기쁘고
흐르는 땀이 밥보다 달다
고독한 세상 무슨 일에든 취하라

보문사 그놈

절 마당에 들어서면
제일 먼저 눈에 들어오는
송아지만한 그 놈이
제집 앞에
웅크리고 앉아 있거나 서성이고 있다
그냥 물끄러미 나를 건너다 볼 뿐
절대로 짖지 않는다
큼직큼직한 이목구비가
무척이나 수려하다, 아니 위풍당당하다
씨즌이 되었는지 요즈음
웃자란 잡초인양 검정털이 번쩍거린다
걸어가다가 되돌아 본다
몇 번 호기심의 발을 굴러본다
절대로 짖지 않는다
이놈의 세상
말하지 않고 살기로 한 것인지
그런데 침묵이
왜 그리 허전한가
왜 그리 애잔한가
억압의 끄나풀 속에서 벗어나는 날이
바로 목숨을 다하는 날인 것을
보이는 끈에 매여 있는 너나
보이지 않는 끈에 매여 있는 나나

어찌 참아내지 않고
넘어설 수 있겠나

겨울개미

설탕물 접시를 밥상 밑에 놔둔 지 오래고
관리소 소독도 별무 효과인지 오래다
몇 년 동안 아침마다 한 두 시간
집안 청소하며 많은 개미를
검지손가락으로 눌러 터트려 살생을 했다
오늘 으악 하고 놀란 일은
그 중 한 마리가 제 몸집의 열배도 넘는
물체를 끌고 가려고 용쓰는 모습을
목격했기 때문이다
차마 그 생의 의욕을 어찌 꺾을 수 있나
오히려 뻗친 내 손가락이 부끄럽다
이제부터 그들과 공생하기로 작심한다

지나가며 (2)

작은 고민에 흔들리거나
큰 고민에 흔들리거나
사람들은 사시장철 흔들리며 살아간다
미동이거나 격동이거나
도전이거나 응전이거나
사람들은 용케용케 참고 견디며
하루하루 잘도 보낸다

자, 오랜 절망을
모두 모아 흔들어서
희미한 앙금까지 흔들어서
아득히 보내자. 아득히 뒤안길로

다가오는 시간 때문에
다가오는 희망 때문에
견디라고 참고 견뎌보라고
그래야 평화라고
그래야 안식이라고

유월

텃밭의 옥수수도 짙푸르고
뒷동산의 밤꽃이 흐드러진다

수로를 따라가는 갈대숲에서
물총새가 푸드득 솟아오른다
눈부시게 번져가는 파문

밭녘에는 온종일
늙은 농부도 얼씬대지 않는다
유월 쑥들이
발목에 자꾸 간지럼을 메기고
아이들은 하늘에다
물감을 징하게 칠한다
노랫소리 멀어지더니
꿈꾸듯 숨어버린다
벗길수록 깊어가는 시절

벌레와 걸레

수시로 쓰는 붉은 걸레에
회색벌레 한 마리 숨었다가
나에게 들켰다
습기 찬 곳
어두운 곳을 찾아 헤매다
겨우 숨은 곳일 텐데
들키다니...
가녀린 다리가 떨린다

베란다 모기장창을 연다
허공으로 보낸다
눌러 죽이지 못하고
어디든 편히 살 곳으로 가서
수명을 다하기 바란다

벌레 목숨이나
사람 목숨이나
그저 한세상 한 목숨일 뿐

외암리에서 (2)

송사리 떼 지어 노는 시냇물을
쭈그리고 앉아서 망연히 들여다본다
일어나 돌다리를 건너간다
차가운 돌다리에
따뜻한 내 몸이 닿을 때마다
섬뜩하게 전율하는 쾌감
마을 일원에 라일락 향기가 물씬거린다
옥잠화가 담 밑에서 미소 지으며
봄 햇살을 즐긴다

사람들은 외암리 아랫마을에
상류층에서 서민층 가옥까지 복원해 놓고
느릿느릿 어슬렁거리며 즐긴다
길가 여기저기
잔디꽃 또는 밥풀꽃 만발하여
환하게 마을을 밝힌다
그지없이 밀려오는 봄, 봄

다 벗고

리조트 십이 층에서 바라보는
핏빛 노을
거대하게 출렁대는 물결
사람들을 자불자불 물가로 끌어낸다
모텔동네 네온싸인이
벚꽃길을 요염하게 밝힌다
피서지에서의 잔치마당이
시나브로 고조되나 보다

보랏빛인가 하더니
칠흑의 바다
밤물결 소리만 철썩거린다

깊은 병에 시달리던 시대
화사하기 그지없는 꽃나무에
오죽하여 사상의 옷을 입혔으랴
이제는 다 벗고
훈훈한 사월이면 어디서든
꽃비 흠뻑 맞으며
호시절을 즐긴다

예측할 수 없는

봄에 움돋는 것을 보는 일은
더없는 행복의 시작이다
개나리꽃은 참 따뜻하고
하얀 목련은 고결함으로 눈 시리다
차디찬 세상을 저만치 밀어내자
키다리솔숲 아래
진달래꽃이 달아오른다
봄처녀 얼굴이 달아오른다

움돋는 것은 도란거림이다
도란거림으로
새로운 봄은 오고가리니
간밤 비 한 줄금에
한 줄기 바람에
성문을 열고 기다린다

스쳐 지나가는 열정의 시절이다
애절함이나 희망 같은 것을 품고
머뭇거리던 불꽃의 외로움이다

제 3부

동정

여린 쑥이 보숭보숭 돋아난
산골 다랭이논둑을 거닐다가
방죽 안을 유심히 살펴본다
검은 구름덩어리가
하늘복판에서 노닐듯
곰살곰살 유영하는 올챙이들
천수만 새떼의
황홀한 군무에 손색이 없다
새싹 움트는 나무 몇 그루
물밑에 가만히 가라앉는다
사알살 미풍이 얼굴을 스치는데
잔물결은 오지 않는다
새들은 숨어서 노래하며
세상을 흥겹게 바라본다
설레이게 하는
봄볕 따뜻한 오후 가전리

심천 고당리

휴게실에 앉아서
비의 풍경을 바라다본다
인근 산들이 부연 안갯속에 떠있다
장작난로의 열기가
칡차를 펄펄 끓인다

숲이 시작되는 곳에
인공절벽이 희미하게 보이고
치솟는 분수가
무수한 포물선을 그린다
홍청대는 시설이
푹 들어앉은 시골구석까지
침투해 왔다
그렇지 참, 본래
인간은 향락적인 존재지

어둠이 찾아온다
십이월의 비가
줄기차게 사위를 적신다
빗줄기 사이로 외등 불빛이
마음을 포근하게 감싼다

장안마을

드넓은 간사지 위로
선달 때 바람이 준마처럼 달려간다
방조제를 휘돌아
가물가물 멀어지는 길

검푸른 담수호가 출렁거리고
수만 마리 철새들이
비상과 부유와 자맥질의
현란한 몸짓으로
생명을 왕성하게 달군다
화려한 한 시절을 보낸다

방조제너머 망망대해
흰 물살이 용솟음치고 뒤집어지고
밀어붙이고 잡아당기고 압도해 온다
저 거센 시원의 해조음
어느 위대한 지휘자의 손끝인가
포효하고 격동하는 무궁한 세월
변함없는 순리일 것이다

거제대교를 지나며

남해바다 거제대교를 최문기랑
둘이 건너며
오랜 회포의 물결을 헤엄쳐 간다
가끔은 서로
구겨진 얼굴 들여다보고
머리카락도 세어보고
가끔은 익숙해진 미소로
서로를 어루만져 보고
미루나무 흔드는 바람결 따라
가을하늘을 올려다보고
가끔은 호수 같은
검푸른 내해를 내려다본다
현기증 나는 문명의 세상이로다
언제나 탄생은 낡아가고
거센 파도 위에
한 때 빛나는 기억이로다
한 점 번쩍이는 섬광이어라

다시 모시리

한낮 붉은 신호등
붉은 초등학교 사층 건물을 지나서
걸어 걸어 근교로 나가면
낯익은 목가적 풍경이
나를 오래 서성이게 한다

공장, 공장 저너머
바람에 휘어지는 밀밭
철길 건널목 건너면
띄엄띄엄 포도밭, 포도밭
갈아엎은 논밭
사방으로 나누어가는 수로에
풍성한 물이 출렁거린다

라일락 향기가
봄 길을 멀리 휘감는다
둔덕마다 만발한 배꽃이다
신록이 전염병처럼
사람들을 흔들어 댄다

신단양 강가

꽃산이오이다
봄강물에 어린 꽃산이오이다
봄강물 건너는
신선한 속삭임이오이다
현란한 속삭임이오이다

은빛 정결한 모래밭
깊은 정적에 휩싸여
가만가만 발길 멈추고
이 새벽 싱그러움에
귀를 기우리오이다

길을 따라 흘러가는
사념의 푸른 시간이오이다
산그늘은 그대로
비워 두오이다
비워 두오이다

희망, 그 울림

호산나 송축하라, 송축하라
넉넉한 울림이어라
호쾌한 울림이어라
화평으로 인도하라
생명으로 인도하라

놀라워라,
그의 고난
그의 겸손한 사랑

봄 아침 부활절예배
저 몰입을 보라
날렵한 손끝을 보라
솟아나는 엄숙함
저 신선한 화음
울려 퍼지는 웅장함
할렐루야
큰 승리, 큰 영광이어라

내가 그들의 죄를 사하고
그 죄를
기억치 아니하리라

금빛 성채

- 축시

봄꽃들의 무지갯빛 함성이
꿈꾸는 산하를 물결쳐옵니다
연보라 라일락꽃 송이송이
설레임으로 손짓합니다
머언 산허리
붉은 진달래꽃잔치
아, 황홀의 절경입니다

첫 만남의 문을 열고 바라보던
어느 햇살 찬란한 아침이었나요
사랑하는 님은 굽이굽이
기다림의 골목이나
기다림의 벌판이나
기다림의 언덕너머
하얀 갈대 우거진 강둑을 지나
줄기찬 그리움으로 다가와
내안에 깊이 뿌리 내렸습니다

아, 지금은 가벼움의 깃발이
세상을 흔드는 시대입니다
뜨거움의 열정으로
오래오래 서로를 밝혀주며

향기롭게 서로를 다독이며
아름다운 한세상
금빛 사랑의 성채를 쌓아갑니다

벗어남

기차가 한강을 건너가고
검은 강물위로
휘황한 야경이 출렁이고

여러 개의 충동에 시달린다
충동의 칼날은
많이 무뎌졌다

칼날의 공격으로
더러는 굳은살이 되고
더러는 활화산이 되고
수비의 위치에서
출발점을 그리워한다

서울은 귀신이다
은총의 서울
조잡한 변두리를 떠나볼까

나는 저물녘에
가끔 기차를 타고
강을 건너간다

어떤 일월

눈 쌓인 풍경 안에 들어가면
더욱 다정해지리라

나뭇가지 사이사이
참새 몇 마리
푸들푸들 날아가면
샘물처럼 순결해지리라

햇살 내리쬐는
언덕을 바라보는 일이
푸른 축복이리라

분노한 일이나
미워한 일이나
다 부끄러워지고

흐르는 강물
물결치는 산
들고나는 길이
가이없이 평화로워지리라

아, 달려가고 싶은 날
벌거벗고 싶은 날

이부합창

가전리 산자락
젖은 도라지밭에
한여름
아침햇살이 자욱하다

나부끼는 저 꽃물결
꽃물결

아련한 미소로
가냘픈 몸매로
피고 지는 풋풋함과
농염함과 상큼함에
한나절을 머물며
첫사랑처럼 설렌다

모두들 외로워서

외로워서 노래를 부르고
외로워서 그림을 그리고
외로워서 시를 쓴다

외로워서 여행을 떠나고
외로워서 쌈하고
외로워서 달린다

외로워서 돌아오고
외로워서 술을 마신다
외로워서 울고 웃는다

모두들 외롭다
이 세상 끝까지

열정

서산시 운산면 처갓집 동네
고샅길 따라 걸어간다

백일홍이 가을 햇볕을 만끽한다
칸나는 푸른 잎에
너울너울 풍만한 여인이 되어
혀를 낼름거린다
마당에서는
고추가 따끈따끈 알몸을 말리고
사르비아꽃이 소슬한 바람에
더욱 불타오른다
맨드라미 닭벼슬보다 붉고
창공에 가지를 치켜든 장미는
나부처럼 유혹을 한다

노란 벌판너머 머언 산
불꽃으로 술렁이는 시월
님을 기다리는
설레임으로 점점 깊어가리라

봄과 여름 사이

그을린 밭두렁에
피어나던 쑥무데기
쩌렁쩌렁 한여름
하늘을 뚫고 솟아올라
섬뜩한 빛깔 번쩍입니다

연초록으로
현기증을 일으키며 온 아내
쉴 새 없이 다가오는
가지가지 세상살이에
단련되고 드세지고
마침내 기개가 청청합니다

아 애달프고 가엾은
시간의 얼룩들
그 시절 솜사탕처럼
부드럽던 사랑입니다

돌의 눈물입니다
돌의 어둠입니다

변신

신새벽 십일 층에서 내려와
마당에 서서
옆산을 바라본다
가뭇가뭇 아카시아 숲이
자잘자잘 흔들린다
바람의 숨결 따라
향기가 마을을 휘감는다

푸덕푸덕 작은 새 한 마리
맴돌다 산 너머로 사라진다

강아지 한 마리 걸어오고
위층 여자 산책 나가는지
나비처럼 날렵한 걸음이다

하루의 화평이 공허하게
사방에서 기지개를 편다
빈틈없이 자리를 채운다

구룡리 봄길

신록과 녹음사이 어두워지는 나무들
길가의 쑥이 무릎까지 왔구먼
클로버꽃들이 논물에 어릿거리고
농부의 등판이 더운 봄날
새터마을 담을 따라
머위잎이 너울거린다
들꽃마다 새 빛으로 저리 고우니
지즐지즐 울렁거린다
아름다운 눈길에 새처럼 퍼득인다

소풍

부소산성 오르는 길을
봄비가 쉴 새 없이 두들긴다
우산 물결이 춤을 춘다
아이들의 재잘거림이
길목마다 넘쳐난다

낙화암을 흠뻑 적셔라
대지를 씻고 씻어라
바위너덜마다
한 톨의 앙금까지 닦고 닦아라

비오는 숲속
기운이 절로절로 솟는다
이파리마다 윤기가 뻗쳐 오르고
물안개가 꿈꾸듯 펄럭인다
세상은 가슴 부푸는
연둣빛 발돋움으로
우렁찬 함성이다
축제의 신호음이다

그 무렵

어쩌다 지나가는 트럭 후미에
뒤뚱거리며 매달리던
누런 먼지 풀썩이는 신작로를
달려달려 집으로 갔다
진창길에 푹푹 빠지며
해가 뉘엿뉘엿 할 때까지
놀며놀며 집으로 갔다
서리 내린 들판을 지나
바스락대는 산모롱이를 지나
어둑어둑한 논두렁길을 지나
달려달려 집으로 갔다
뽀드득거리는 눈밭을 지나
얼어붙은 징검다리를 건너
놀며놀며 집으로 갔다

아 나는 지금도
아련한 비포장길 따라
그렇게 고향에 가고 싶다

삼거리 공원에 온 날

나뿐인가 한참이나 둘러본다
영남루를 지나 현소각에 들려
꽝꽝 얼어붙은 연못을 내려다본다
모로 누은 작은 배 하나

며칠 두고 눈이 쌓이더니
하얀 햇살이 가득 모여 있다
바람은 상큼상큼 스쳐 지나가고
비워둔 것들끼리
가벼움을 즐긴다

사각사각 눈밭을 거닌다
지난 가을에 보았던
하늘을 본다
한 떼의 비둘기가 날렵하게 땅을
차고 올라 하늘을 채운다
은빛 눈부심으로
퍼덕이는 날개, 날개
적설 뒤 상쾌함으로
떨어져 와있음이라

미친데기

향기가 숨어있다
숨긴 것은 시간을 토해 내리라
한을 푸는 설렘이라
횡설수설하거나
황당무계하거나
의기소침하거나
대담무쌍하거나
홀가분하거나 뒤집어지거나
무제한으로 달려가는
끝없는 자유의 섬이다

늘 시작하는 마음으로

- 축시

마주 닿은 줄기찬 그리움
단단한 토대 위에
이제부터 삶을 한 방향으로
열어가는 일입니다
겸손하게 섬기고
서로를 끝까지 존중해주고
때로는 아량으로
따뜻하게 품어주는 일입니다

그것은 완성을 향한
끝없는 길이고
깊고 푸른 강물의
도도한 흐름입니다
또한 그것은
일상에서 이루어지는
작은 소망의
무수한 축적입니다
그것은 꽃과 별과
새와 숲의 속삭임에서
무르익어감이고
질긴 교감을
알록달록 수놓아 가는
머나먼 행로입니다

너리굴에서

울 너머 사슴 몇 마리
초지위에 뛰놀고
여름햇살 밑으로
가파른 오솔길 따라 가면은
벅차게 다가오는
우거진 나뭇잎, 노변의 풀잎들

꽃구름 둥둥 떠가는 하늘
언덕아래 작은 풀장
해맑은 물가에
두어 마리 물새 서성이고
자잘한 고뇌를 희석하는
무수한 파문의 잔물결

삶에서의
부드러움이나 가차 없음
싱싱함이나 척박함
무거움이나 가벼움은
배반이 아니고 어울림일 것이라
끌어들이지 말고
그냥 놓아둘 일이라

오월 전주

한옥마을 보러 전주에 갔다
신록에 상록수가 다 비켜섰네

우리가
얼마나 축복을 받았는지
얼마나 잘 살고 있는지
천천히 운행 중인 버스 안에서
시내를 흘러가는
물길을 바라보며 알았다
징검다리를 건너가는
마을 사람들의 평안한 모습을
바라보며 알았다
덕진공원 연못에
창포가 진초록으로 눈부시다

제 4부

삼정골

무인지경
호젓한 새벽길
산중턱에 한 자락 안개가
요술처럼 가만히 떠 있다

하체는 쭉쭉 뻗은 전나무숲
상체는 연록빛 활엽수림

속속들이 열린다
공간 가득 넘치는 생명감

멀리 변방 외진 곳으로
자고새면
사람들은 떠나고 떠난다

어디쯤에서
방목의 본능을 회복한다
중심을 탐색하는 일이라

알코올에 담가둔
동물내장처럼
산과 마을과 시냇물이
오늘 아침의 거울이다

금식 그 후

몇 년간 지성으로
한 끼 금식이더니
사흘간 강렬한 마무리랄까

비우고 채우는
채우고 비우는

음성으로 가라앉고
몸짓으로 가라앉고
부풀어 오르는 오욕칠정
바닥으로 내려간다

복잡한 일상을
한결 가볍게
한결 관대하게
한동안 그렇게
살아갈 것이라
아내는

속삭임의 근원으로

부드러움의 중심이요 잔잔한 넉넉함이요
한결같이 다가오는 신선한 향기이어라

안개꽃 자욱한 순결의 속삭임에서
유월의 장미 같은 열정의 속삭임에서
노오란 프리지어의 이지적인 속삭임에서
무르익어 가리라

어느 날 생명의 근원을 찾아 방황하고
마침내 그리움을 만나서 안주하리라

속삭임으로
서로의 생각을 읽고
서로의 눈빛을 읽고

속삭임으로
서로의 희열을 나누고
더러는 아픔도 나누고

속삭임으로
두 배의 의욕과
두 배의 보람과
두 배의 사랑을

두고두고 넘치게 쌓아갈 것이라

속삭임은 따뜻한 배려이고
뿌리 깊은 어울림이어라
햇살 같은 불멸의 자신감이어라

독수리처럼 높이높이 비상하고
비둘기처럼 더운 숨결로
아름다움을 수놓아 갈 것이라
오랜 세월
알록달록 수놓아 갈 것이라

얼굴 만지기

혼돈의 삶을 마감하고
가식과 오만과 편견이 난무하는
세상에서 빠져나옴으로
안식과 화평의 풍경이로다

차곡차곡 정리되고
유기되는 절차 앞에
숙부의 딸들은
찬 얼굴을 쓰다듬으며
넋두리로 목메이며
이별의 순간을 보낸다

인생은 결국
공허함이자 애매함이요
두려움의 길이 아닌던가

유장한 삶이나
요절한 삶이나
세월을 얼마나 견뎌낼 것인가

돌아가 그들은
또 무엇을 꿈꿀 것인가

유춘봉

사람이 잘 들어와야 열리지
이 평범한 말을
자주 입에 올리더라던가
애지중지 살던 아파트 바치고
정직하게 사십일 금식기도 마친 후
8년간이나
심한 후유증을 앓는 그녀는
아내의 멘토이다
체중은 불어날 대로 불어나
늘 기우뚱거린다
대부분 기억은 증발했다지

촌철살인,
그녀의 기도를 전해 들을 때
그 혜안이 가끔 놀랍다
남편 김권사는 무던한 사람
오랜 경황 중,
외아들 서울대 보내고
대학원 공부하며
극한적 절약 끝에
근래 살집도 분양 받았다니까

시련을 거치며 깨닫게 하시고

무너지지 않는 실체를
하나님은 꼭 보여 주시나보다

길 위

청랭한 햇살을 만난다
긴 안식이로다
아픔은 무엇이고
기쁨은 무엇이고

이천년 개천절날
봉분을 허무는
인부들의 손놀림을
넋 놓고 바라본다

지상의 해맑은 빛이
석관 속을 손전등처럼 비추고
가지런한 흔적 위에
주마등같은 생애가 떠돈다

한줌의 재가 된
또 한 번 이별식

천안공원 기울어진 길가에
소복을 한 젊은 가족이
무심히 감을 따고 있다

그렇지, 다음 차례

자식들이 나를 불사르며
나처럼 중얼거리리라

우주와 시간에 관하여
따사로움과 허무에 관하여
중얼거리리라

마찻들 뒤안길

아침나절 고향길
두어 시간 한 걸음이다
버거운 삶의 무게도
잃어버린 세월도
그저 잠깐이로군

사분사분 물소리라
묵은 다리 건너니
코발트빛 교문이 정겹다

서편 교재원
군데군데 영산홍 불타고
벚나무 고목에
햇잎들 비비적거린다
송요찬 송덕비 하나
이종섭 화보 한 장
게시판 위에 나불거린다

화단 회양목 울안
청청한 난초꽃
살풋살풋 얼굴 내민다
세월의 중심을 볼 것이야
교정 어디든

벌써 잡초의 세력이다

노란 민들레 부숭부숭
바람을 기다린다
후동 가는 길목
라일락 두 그루
몸을 활짝 열고
보랏빛 숨결을 펄럭인다
울렁거리는 기억의
먼 통로를 들어간다

"책속에 길이 있노니"
그리운 시절
그 뛰놀던 성에
빗장을 걸고
마냥 푸른 하늘을 본다
짧디짧은 삶의 마디마디
모든 사소함일 것이야

꽃 지우고 반짝이는
개나리잎의 군무
꽃 잔디 위로
오늘만의 햇살이 지나간다
어린이 헌장판

어린이 독서 현장판
지순한 흔적
지순한 울림

핸드볼 골대, 축구골대
평균대, 철봉, 정글짐
회전그네, 미끄럼틀...
아린 먼지로 흩어지리니

사철나무 울타리
등 굽은 향나무 몇 그루
돌탑에 새긴
어머니회 어록, 조성행어록
흔들리는 시대의 그림자 되리니

급류를 탄 세기의 끝
광장 여기저기
붉은 고추 검정 숯으로
걸린 새끼줄이
낯선 바람을 탄다
무거운 유산을
역사의 무덤에 묻고
새롭게 깨어나리라
새롭게 태어나리라

교외

이른 봄날
도시를 벗어남으로 설레임이다
철을 알아차린
풀싹이 돋보인다
흙으로 물을 보지만
직접 사귄다
봄 처녀 옷 벗는 소리
바람까지 몰고 온다
시냇물은 모여들어 머뭇거리고
난간 없는 다리를 건너가다
중간쯤에 앉아 있을 때
햇살이 자꾸 와서
나를 찍는다
그냥 눈물 나는 시절이다
감추어둔 것들과
모처럼 놀고 싶은 봄날
껍질을 헐고 어디든 날아가리라
금빛 날개를 타고
훨훨 날아가라

햇살 (6)

노오란 햇살이
동그라미를 그린다
번지는 동그라미
영롱한 무당벌레
망망한 들녘을
드문드문 지나간다

화물열차
기적소리도 없이
쾌속으로 달리면 그뿐
텅 빈 하늘
기다림이나 남아있음으로
이어가는 것이리라

충주 가는 길
보안림 지정 반대
사과축제, 우륵문화제
플래카드의 물결
보이는 것만 커 보이는
오늘의 천박한 삶

젖은 새벽이
흐린 눈을 닦는다

크라운 호텔 삼층
샤워실 거울에 고이는
붉은 단풍나무숲
정오의 미륵사지
귀부석에 기대어본다
석불 흰 얼굴에 감도는 구름
와룡대 용소가
옥빛으로 넘친다

깊은 물가 산자락에
문호 퇴계의 여자
들꽃 한 송이로 피어
강바람에
가만가만 흔들린다

아스라이 담선대
가을햇살 타고 오른다
구담봉 병풍단애
출렁이는 산 그림자
부드러운 수면
푸른 여울 따라
노래하며 가리라

공유

상현달 하나
하늘 하나

머언 새벽길
너머 어둔 산, 산

너 그리고 나

무진가든

우리 드라이브가요

지난주 어느 시간이던가
흘린 말을 되살린다

태조산 고개 굽이굽이 돌아
물 맑은 용연 저수지를 지나
석천 가는 텅 빈 논밭 사이를 지나
가파른 고갯길 너머
납안리 밤 농장을 지나니
마악 시냇물 소리 들린다
기인 북면을
관통하는 도로가 보인다

새파란 보리밭 옆에 앉아
바라보는 멀고 먼 꽃길

여자의 손끝에 걸린 산비탈
개나리와 진달래
목련과 산수유
수양버들처럼 축 늘어진
벚꽃들의 황홀한 절정

여자와 나는
몇 시간째 호수에 빠져
허우적거린다

무량사에서 (2)

이무렵 무량사는
영화에서나 본 화랑처럼
젊고 화사하다
연초록 세상이 알몸을 감추고
들어오라고 여기저기서 술렁댄다
대웅전 처마 밑에는
오래 묵은 가지에
모란꽃 몇 송이가
두둥실 푸른 하늘로 떠간다
오월의 모란이고
영랑의 모란이고
여인들의 옷자락 사이로
출렁이는 모란이어라
천지간에 모란의 절정이어라

대원선원

칠월초순 코스모스
몇몇 송이
벌써 가을바람을 부른다
청초함에 걸려든다
백일홍이 점을 찍는다
그늘을 자꾸 내려놓는다
진홍의 그늘
따가운 햇살을 주워 담는다

홀로 논두렁길을 걸으며
전원의 고요함을 즐긴다
들꽃들이 흔들리고
나도 흔들리고
나비가 춤을 추고
나도 춤을 춘다
나들이 간 여자는 오지 않고
푸른 치마만 나풀거린다

어디쯤에

산 그림자 출렁이는 호반
골짜기 건너서 골짜기
능선 너머서 능선
햇살을 영롱하게 누린다

기암절벽마다
뿌리박고 설레는 만산홍엽
화려한 잔치마당

유람선 객실마저
춤과 노래로 낭자하니
쓸쓸하고 고요하게
산과 물을 만나자고 하나
흥에 겨운 사람들은
막무가내 성화로구나

아득히 휘어지는 곡선
무지개 숲 치마끈 풀어
뱃길 따라 포말하며
숨 가쁘게 물살 짓는
충주호 산모롱이를
돌고 돌아 바람 따라
아득히 떠나가리라

죽도시장

포항에 가거든 걸어서
죽도시장에 가봐요
무심히 들어가서
여기저기 떠다녀봐요
기억하기 어려워
출구는 자유로다

더웁다
매우 더웁구나
그러지 말고
일하는 아줌마들의
집중력에 빠져봐요

많이 돌아다녔나요
다리가 좀 묵직해졌나요

건어물 가게 앞에 섭니다
휘몰아치는 푸른 바다
눈부신 마른 멸치를 보며
그 싱싱함에 오싹해집니다

죽도시장은 미로입니다
그냥 미로를 즐기세요

영덕에 가면

광막한 수평선을
휘이휘이 건너온 바람아
날렵하게 돌려봐
벽공의 은빛 날개를

날개를 만나 불이 되는 바람아
타오른 숲이 결코
황무지가 되지 않음을
찬찬히 눈여겨 봐

참혹하게 날개를 잃고
새 날개를 다는 지혜를 얻으니
그 청결함이나 일용함의 힘으로
내일 그리고 먼 날까지
끊임없이 변화시켜 가리라

지금 나는 산등성이에 생긴
길을 따라 내려가며
두려움에 찬 눈빛을 생각한다

채석강 유역에서

저리도 결 곱게 될 때까지
억만년의 참을성이라
헤아릴 수 없는 무모함이라

평생 조급증에 시달리는
마음이 가난한 우리들의 삶

거닐면서 보고
앉아서도 보고

노을지는 물결이
다만 눈물 같은 평안함이라

태백선을 오가며

길고 긴 골짜기를 헤치고
코스모스 꽃길 따라
몇 시간이고 달려가리라

공부하고 연애하던
나의 낭만시대는
이제사 부끄러움뿐이니

검은 사촌들은
일하고 밥 먹고 잠자고...
기필코 무거운 삶을
사북에서 견뎌냈다
오랜 끈질김의
멈추지 않는 눈물이어라
왜곡된 삶이 끄는 대로
줄기차게 흘러갔다

지금 팔월의 햇빛은
녹색 풍경을 바라보며
희미한 것들을
다 들추어 보인다

초등학교가 끝이지만

유장한 세월
때로는 포장하며
때로는 웅크리며
살아온 그들이
참으로 놀랍고 대견함이라

소곡주에 취한 날

그것은 위험한 보여줌이라
무엇을 숨길 것인가
중언부언 하거나
망설일 수도 없는 일이라

배나무 분재에
배가 주렁주렁 열리고
모과나무 분재에
모과가 주렁주렁 열리고

벗어난 보여줌이라

수수밭 사잇길로
허수아비 혼자서
하오의 햇빛과 바람과
인파와 놀아날 때

끝없는 순응이거나
한 자락의 달관이거나
윤회의 어둠일 뿐
관심을 끌어내는 일
그런 것도 잠깐이라

좀 더 나은 구월과
좀 더 나은 하늘과
좀 더 나은 너의 음성도
남아 있지는 못할 것이라

가녀린 주자

피아노 근처에
오뚝아니 앉아서
바이올린을 켜는 여인
흰 피부에 목선이 긴
깡마른 여인

가녀린 음악이
가녀린 팔에서
솜덩이처럼 떠오른다

예배당 안을
가녀림으로 가득 채운다
스물 한 명의
성가대 코러스와
어울리는 절정의 하모니

잔잔하게 말씀 안에
고루 스며든다

인내는 지혜라고
성숙함만이 약한 사람에게 진다고
인내는 인격의 능력이라고

봄 산 그늘

청수공원 오르는 길섶에
노란 빛, 흰 빛 풀꽃 뒤섞여
깨어나는 나뭇잎들과
한 시절을 즐긴다

살랑거리는 바람 사이로
흰 나비 몇 마리
가볍고 사랑스러운 몸짓, 몸짓
청순하고 아름다운 시절

산자락을 수놓은
아기 꽃들의 아우성
아, 아기 잎새들의 오월아

대천해변

젊음은 그저
한없이 부푸는 것일 터이다
푸르른 물결을 타고
광막한 해변을 바라보며

바람은 소소하고
물결소리 넉넉하다

갈매기 수십 마리
아득한 비상
물결을 자꾸 어루만진다

나는 해변을 혼자 걸으며
이 봄
아늑하고 소박한 평화를 누린다

여유

늦은 봄 한 낮
복숭아나무 아래 앉아 있다
붉은 꽃은
활짝 피어 어우러지고
밭 둘레 드문드문
겹사쿠라꽃이 진다

어린이날 마을 확성기에서
술 취한 유행가소리 어수선하고
찬찬히 보니 작은 벌들이
끊임없이 놀러 와서
떠날 줄을 모른다

□ 해설

자연친화와 유유자적의 시학

- 이양복 시인의 시집 『어떤 일월』에 부쳐 -

홍 문 표

(시인 · 평론가 · 전 오산대총장)

이양복 시인이 그의 세 번째 시집 『어떤 일월』을 출간하게 되었다.

참으로 반가운 일이다. 필자로서 반가운 것은 이 시인은 평소 수다스럽게 다작을 하는 시인이 아니라 꾸준하면서도 신중하게 창작을 하는 시인이기 때문이다. 사실 시인이란 작품을 많이 쏟아내는 것으로 평가될 수 있는 것이 아니다. 시인은 먼저 시를 즐길 수 있어야 한다. 남의 시든 자신의 시든 시를 통하여 스스로 행복하고 만족하여야 한다. 뿐만 아니라 시와 삶이 어우러져 더욱 풍요롭고 빛나는 인생이어야 한다. 이러한 점에서 이 시인은 뜨겁게 설치는 시인이 아니라 시를 즐기며 여유 있게 인생을 사는 넉넉한 시인이라고 해야 할 것이다. 이 시인은 이번 시집을 내면서 세 번째 흔적을 보이려고 하니 부끄러울 뿐이라고 했다. 어리석음이라고 했고 단순하게 살아간다고도 했다. 그렇지만 삶의 심리적인 안정기라고 했다. 이렇게 서문부터 겸허하면서도 자기 반성적이고 자족적인 자세는 그가 시를 신중하지만 겸허하게 즐기고 있음을 말해 준다. 시집 제목을 보아도 특별하게 어떤 주제를 보여 주려는 의도가 아니라 매일 반복되는 일상이 시이며 그 중에서 어떤 일월을 선택하고 있음을 보게 된다. 이는 바로 삶이 시이고 시가 삶이라는 생활화된 시, 농익은 시, 인생과 시가 함께 충분히 성숙한 여유롭고 넉넉한 시의 경지에 있음을 보여 주고 있는 것이다.

이러한 모습은 바로 이번 시집의 제목이 되고 있는 작품「어떤 일월」을 살펴봄으로서 더욱 분명해지게 될 것이다.

눈 쌓인 풍경 안에 들어가면
더욱 다정해지리라

나뭇가지 사이사이
참새 몇 마리
푸들푸들 날아가면
샘물처럼 순결해지리라

햇살 내리쬐는
언덕을 바라보는 일이
푸른 축복이리라

분노한 일이나
미워한 일이나
다 부끄러워지고

흐르는 강물
물결치는 산
들고나는 길이
가이없이 평화로워지리라

아, 달려가고 싶은 날

벌거벗고 싶은 날

-「어떤 일월」 전문

인용한 시는 바로 시인의 시적 태도, 시를 통하여 구현 하고자 하는 시정신을 극명하게 보이고 있다. 한 마디로 그의 시적 자세는 자연친화적이고 유유자적하는 시학이다. 첫 연에서 눈 쌓인 풍경 안에 들어가면 더욱 다정해질 것이라 했다. 여기서 눈 쌓인 풍경은 바로 눈과 같은 순백의 세계 순수한 자연의 세계다. 때묻지 않은 눈의 세계야말로 자연과 인간, 인간과 인간의 관계가 더욱 다정다감해질 수 있다는 것이다. 이러한 태도는 둘째 연으로 확산 된다. 나뭇가지 사이로 참새가 날아가는 세계에서 순결해 질 수 있다는 것이다. 역시 자연의 세계다. 셋째연도 그렇다. 햇살이 쏟아지는 언덕을 바라보는 일이 축복이라고 하였다. 흐르는 물, 물결치는 산을 들고나는 길이 평화라고 하였다. 뿐만 아니라 이러한 자연 앞에서 분노하고 미워하는 일이 얼마나 부끄러운 것인가를 대조적으로 지적하고 있다. 그렇다면 이 시인에게 있어서 자연이란 보다 다정해지고 순결해지고 축복이 되고 평화로워질 수 있는 세계라는 것이고 자연과 대립되는 인간의 세계 또는 현실의 세계는 분노와 미움과 부끄러움의 세계가 된다. 그러니 자연의 세계는 "아, 달려가고 싶은 날"이 되고 현실의 세계는 "벌거벗고 싶은 날"이 된다.

이 시인의 자연친화적인 시학은 「어떤 일월」 이라는 한 작품으로 끝나지 않는다. 이번 시집의 전부가 사실은 자연친화를 화두로 삼고 있다. 물론 그의 시적 소재는 공간적인 것도 있고 시간적인 것들도 있다. 우선 공간적인 것들을 보자.

산의 초입에서 눕는다
산마루 둥둥 떠도는 구름 꽃

구름 꽃 붉은 몇 송이

단풍은 산비탈로
산비탈로 내려오며
하루 종일 요동친다

노고단 오르는 길이
운무로 아득하고
비산하는 시원의 물소리
시원의 바람소리

웅장함과 내밀함으로
피 흘리며 서성거리는 이들
다 거두어 감춘다

– 「지리산에서」 전문

바라보라 저 큰 바다를
저 웅장한 바다를 보라
설레임이나 빛깔이나
야성의 몸짓을 보라

왜소하고 남루하고
연약한 삶을 짊어지고
나는 얼마나 흔들려 왔던고

분별력이 마비될 때
혼자 와서 보라
저 큰 흔들림을 보라
증오도 씻고
상처도 씻고
광막한 시대의 복판으로
되돌아가

흔들림의 바다를 생각하며
한동안 깊어져서 살 것이라

－「월미도」 전문

송사리 떼 지어 노는 시냇물을
쭈그리고 앉아서 망연히 들여다본다
일어나 돌다리를 건너간다
차가운 돌다리에
따뜻한 내 몸이 닿을 때마다
섬뜩하게 전율하는 쾌감
마을 일원에 라일락 향기가 물씬거린다
옥잠화가 담 밑에서 미소 지으며
봄 햇살을 즐긴다

사람들은 외암리 아랫마을에
상류층에서 서민층 가옥까지 복원해 놓고
느릿느릿 어슬렁거리며 즐긴다
길가 여기저기
잔디꽃 또는 밥풀꽃 만발하여
환하게 마을을 밝힌다
그지없이 밀려오는 봄, 봄

－「외암리에서 (2)」 전문

인용한 시들은 모두 지리적 공간을 소재로 한 작품들이다. 지리적 공간을 소재로 한 작품은 이것만이 아니다. 사실 이번 시집에서 가장 많은 비중을 갖고 있는 것이 지리적 소재들이다. 시집의 첫 작품 칠갑산에서 끝부분의 대천해변에 이르기까지 대부분이 관광명소이거나 역사적 이야기가 있는 공간들이다. 이렇게 주유천하하며 유유히 명소를 여행한 시적 결실이라면 기행시라는 선입관을 가질 수 있다. 그러나 이 시인의 시들은 그렇게 많은 명소를 여행하고 있지만 기행시라는 느낌을 주지 않는다. 그만큼

이 시인의 기행시는 단지 새로운 나그네의 소감을 적은 것이 아니라 오히려 자연친화라는 시인의 주제의식이 하나하나 독립된 시 속에 관통하고 있음을 보게 된다. 그렇다면 이 시인의 다양한 여행시는 새로운 공간에 대한 지적 정보의 소개가 아니라 그 어느 곳에서도 일관된 자연의 생명력과 영원함을 보여주는 창조적 작업이라는 사실을 알게 된다.

「지리산에서」를 보면 서두에서부터 시선을 붙잡는다. "산의 초입에서 눕는다"는 것이다. 무엇이 눕는다는 것인가. 산마루 둥둥 떠도는 구름 꽃 몇 송이가 눕는다는 것이다. 그런가 하면 단풍들은 산비탈로 내려오며 하루 종일 요동친다고 했다. 표현의 신선함이 돋보인다. 그런데 이러한 표현들은 지리산만의 고유한 것일 수 없다. 그만큼 이 시인은 지리적 공간은 설명 보다는 보편적인 자연현상의 시적 형상에 치중하고 있는 것이다. 그런데 이 시인의 자연은 단지 아름답거나 신비로운 시적 형상의 대상으로만 인식하지 않는다. 이 시의 마지막 연에서는 그 웅장함과 내밀함으로 피 흘리며 서성거리는 이들마저 다 거두어 감춘다고 했다. 여기 "피 흘리며 서성거리는 이들"이란 바로 피 흘리는 인간의 역사와 그 주체들일 것이다. 웅장한 자연은 인간의 무모한 역사마저 거두어버릴 만큼 너그럽고 절대적인 것이다. 「월미도」에서도 그곳의 특징을 보는 것이 아니라 웅장한 바다를 본다. 따라서 이 시인에게서 월미도는 지리적 역사적 공간이 아니라 보편적인 자연의 일부일 뿐이다. 그러기에 월미도를 통해 저 큰 바다와 웅장한 바다와 야성의 몸짓을 보면서 왜소하고 남루하고 연약한 인간을 대조하여 보게 된다. 「외암리에서 (2)」에서도 외암리의 주택이나 사람이 아니라 외암리에서 경험하는 자연이다. 송사리가 있는 시냇물, 돌다리, 라일락, 옥잠화, 봄 햇살이 있는 보편적인 자연공간이다. 다만 사람들은 그 아랫마을에 각종 가옥을 복원하여 놓고 어슬렁거린다. 이처럼 이 시인이 경험하는 공간들은 역사가 다른 지리적 공간이지만 정작 그곳에서 발견하는 것은 인간의 역사적 이야기가 아니라 보편적인 자연의 순수한 진실이다. 영원하고 무한한 자연과 이에 대비되는 인간의 왜소함을 보여주고 있는 것이다. 그렇다면 이 시인이 경험하는 시간의식은 어떤 것인가.

구불구불 숲길은
그윽하고 차갑고 고독하다
산등성이를 따라 간다
하얀 길 위로 햇살이
강물처럼 출렁거린다

눈 밟는 소리
기억 저편에서 다시 일어서는
아득한 세월

솔숲은
기다란 바람을 붙잡고
한나절 적막감 속으로 떠났다

머언 하늘빛 산울림이
간간히 골짜기를
맴돌다 사라진다

-「겨울 칠갑산」 전문

이월에 바라보는
그 예비, 그 순수
그렇게 새순이 돋고
욕망의 녹색 들녘을 돌아돌아
달관의 들녘에 들어선다

바람에 이끌려 사라진
허상의 시간 곁에
물끄러미 앉아서
이제사 모든 매듭을
헐렁하게 푼다

그런그런 소박함이나
초연함으로
장중함이나 경쾌함으로…

—「평택들녘을 지나며」 전문

잠들고 꿈꾸고
토닥이고 사귀고 안쓰럽고

세월이 간다

숲으로 가는 길이다
강으로 가는 길이다

속삭임이나
몸을 합치는 일이나
맘을 합치는 일이나

의지하고 눈물 흘리고
붉은 고뇌로 흔들거리고

세월이 간다

떠나가던 날이나
돌아오던 날이나
홀로 그렇게 기다린다

아, 세월이 간다

-「베개위에」 전문

「겨울 칠갑산」은 겨울이라는 시간과 칠갑산이라는 공간이 결합된 시다. 이 시에서 겨울 칠갑산의 겨울이라는 시간은 차갑고 고독하다. 적막감으로 떠나는 시간이고 산울림이 골짜기를 맴돌다 사라지는 시간이다. 따라서 이 시인의 시간은 무상하게 흘러가는 것으로 인식되고 있다. 그러나 칠갑산이라는 자연공간에는 하얀 길 위로 햇살이 강물처럼 출렁거리는 여전히 생명력 있는 대상이 되고 있다. 「평택들녘을 지나며」 도 이월이라는 시간과 평택들녘이라는 공간이 결합된 시다. 그런데 이 시에서도 시간은 바람에 이끌려 사라지는 가변의 시간, 소멸의 시간, 지나가는 시간이지만 들녘은 순수하고 새순을 준비하며 흘러가는 시간 곁에 물끄러미 앉아서 소박함이나 초연함으로 장중함이나 경쾌함으로 모든 매듭을 풀고 있는 것이다. 말하자면 지리적 자연 공간은 시간의 어떠한 바람에도 흔들리지 않고 묵묵히 자기 길을 가는 것이다. 세상이 소란하고 역사가 소용돌이 쳐도 그것은 지나가는 바람과 같은 시간일 뿐이고 자연공간은 영원히 그대로인 것이다. 한편 「베개위에」 는 칠갑산이나 평택들녘과 같은 자연공간이 아니라 바로 인간의 삶 더 구체적으로 말하자면 베개를 베고 살아가는 부부간의 삶이다. 그러나 인간에게도 시간이라는 자연질서는 필수적인 것이다. 더 정확히 말하면 인간은 시간적 존재라고 해야 할 것이다. 인간처럼 시간을 의식하고 시간이 절실한 존재는 없기 때문이다. 그런데 「베개위에」 가 보여 주는 시간의식은 무엇인가 "세월이 간다"는 것이다. 이 작품에서는 이 구절을 세 번이나 반복할 정도로 시간은 흘러간다는 것에 역점을 두고 있다. 칠갑산이나 평택들녘에서도 시간은 흘러가는 것이라 했고 베개에서도 이처럼 시간은 흘러가는 것임을 강조했는데 그럼에도 불구하고 「베개위에」가 앞의 시들과 엄격히 구별되는 것은 앞의 시에서 시간의 주체인 자연공간은 불변하는 것이지만 베개에서 시간의 주체인 인간은 함께 흘러간다는데 있다. 잠들고 꿈꾸고 토닥이고 속삭이고 합치고 눈물 흘리고 흔들거리는 인간들은 결국 시간과 더불어 흘러간다는데 자연공간과 엄격한 차이가 있는 것이다. 이를 종합해서 말하면 자연은 불변하는 주체가 되지만 시간이나 인간은 함께 흘러가는 존재라는 말이 된다. 여기에 인간 존재에 대한 허무나 고독이 있다.

이놈의 세상
말하지 않고 살기로 한 것인지
그런데 침묵이
왜 그리 허전한가
왜 그리 애잔한가
억압의 끄나풀 속에서 벗어나는 날이
바로 목숨을 다하는 날인 것을
보이는 끈에 매여 있는 너나
보이지 않는 끈에 매여 있는 나나
어찌 참아내지 않고
넘어설 수 있겠나

-「보문사 그놈」에서

외로워서 노래를 부르고
외로워서 그림을 그리고
외로워서 시를 쓴다

외로워서 여행을 떠나고
외로워서 쌈하고
외로워서 달린다

외로워서 돌아오고
외로워서 술을 마신다
외로워서 울고 웃는다

모두들 외롭다
이 세상 끝까지

-「모두들 외로워서」 전문

「보문사 그놈」에서 그놈은 줄에 묶여 있는 견공을 두고 한 말이다. 생기기는 수려하고 위풍당당한데 전혀 짖지 않는 것에 연민을 느끼며 그러한 침묵이 오히려 가엾다는 것이 시인의 생각이다. 줄에 묶였는데도 전혀 반항을 못하고 침묵하는 견공의 운명은 줄에서 풀린다 해도 그날은 또 목숨을 다하는 날이라는데 이 시의 애절한 실존이 있다. 줄에 매여 있는 것도 불행한 것이지만 그 끄나풀에서 벗어나는 것은 더욱 불행한 절망이 된다는 인식은 매우 허무주의적인 철학이라고 해야 할 것이다. 결국 개는 보이는 끄나풀에 얽매여 있다가 그 끈을 벗어나면 죽는 존재가 되고 인간은 보이지 않는 끄나풀에 얽매여 있을 뿐만 아니라 인간도 그 구속의 끄나풀을 벗어나는 날은 죽는다는 공통 인식이 이 시를 비장하게 만들고 있다. 이러한 허무는 「모두들 외로워서」에서 더욱 노골화 되고 있다. 인간은 외로워서 노래를 부르고 그림을 그리고 시를 쓰고 여행을 떠나고 싸우고 달음질하고 술 마시고 울고 웃는다는 것이다. 마지막 연에서는 "모두들 외롭다"를 "세상 끝까지"로 단정하여 인간의 외로움은 근원적인 것이고 운명적인 것임을 지적하고 있다. 그렇다면 인간은 끝내 외로운 존재이기에 절망하고 말 것인가. 이 점에 대하여 시인은 다시 자연친화적 구원의 가능성을 제시하고 있다.

어느새 들꽃이 키를 넘나든다
하얀 강물 위로
하얀 나비 펄럭펄럭 날아간다
나는 시방 유유자적
꽃 강물 너머로 흘러간다
흔들리는 풀과 꽃,
나무와 나와 저 강물

흔들 때는 흔들려야지
너울너울 같이 흔들려야지
풋내기처럼 귀를 자르지마

－「산책 (2)」 전문

홀로 논두렁길을 걸으며
전원의 고요함을 즐긴다
들꽃들이 흔들리고
나도 흔들리고
나비가 춤을 추고
나도 춤을 춘다
나들이 간 여자는 오지 않고
푸른 치마만 나풀거린다

－「대원선원」 에서

바람은 소소하고
물결소리 넉넉하다

갈매기 수십 마리
아득한 비상
물결을 자꾸 어루만진다

나는 해변을 혼자 걸으며
이 봄

아늑하고 소박한 평화를 누린다

–「대천해변」에서

외로운 인간은 어떻게 구원될 수 있을까 그 하나는 자연과 어울려 유유자적하는 것이다. 자연과 더불어 흔들리는 것이다. 불변하는 자연 생명력이 넘치는 살아 있는 자연과 더불어 사는 것이다.「산책 (2)」는 들꽃들이 무성하고 하얀 강물이 넘실대고 하얀 나비 펄럭이는 자연과 더불어 "흔들리는 풀과 꽃/나무와 나와 저 강물"이 함께 흔들리라는 것이다.「대원선원」에서는 아예 함께 춤을 추자는 것이다. 논두렁을 걸으며 전원을 즐기며 들꽃들이 흔들리고 나도 흔들리고 나비가 춤을 추고 나도 춤을 추자는 것이다. 바로 자연과 더불어 흔들리고 춤을 추며 유유자적 하자는 것이 이 시인의 궁극적인 시학이다. 그러한 어울림 속에 외롭고 고단한 인생은 그래도 평화와 안식을 누릴 수 있다.「대천해변」에서 발견한 것도 바람과 물결 소리와 갈매기의 비상이다. 그래서 물결을 자꾸 어루만진다. 거기서 아늑하고 소박한 평화를 누린다.

이처럼 이양복 시인의 이번 시집『어떤 일월』은 철저히 자연 친화적 상상력 속에서 유유자적 하는 시인의 넉넉한 삶이 다양한 자연공간을 통하여 형상화 되었을 뿐만 아니라 비록 삶이란 덧없는 시간 속에서 부단히 흘러가는 허무가 있지만 바로 불변하는 자연과 더불어 흔들리고 함께 춤추는 화해를 통하여 평화를 회복할 수 있다는 시적 구원의 진솔한 메시지를 함께 던지고 있는 것이다.

이양복 시집

어떤 일월

2012년 3월 26일 인쇄
2012년 3월 30일 발행

지은이 이 양 복
펴낸이 신 용 호
펴낸곳 창조문학사

서울 서대문구 홍은동 397-26 동천아카데미 5층
등록번호 제1-263호
전화 374-9011, Fax 374-5217
공급처 한국출판협동조합 전화 716-5616~9

값 10,000원
ISBN 978-89-7734-320-7